Ossian,

TRADUCTION NOUVELLE ET COMPLÈTE,

Par M. de SAINT-GÉNIÉS,

(Auteur de Balder, poème scandinave; des Aventures de Faust; des traductions en vers français des Poésies de Pétrarque, des Nouvelles Fables de Phèdre; de celles du Neveu de Rameau et des Hommes célèbres de France au xviiie siècle de Goethe, etc.)

Ornée d'un grand nombre d'estampes en noir ou peintes, dont les poèmes d'Ossian ont fourni tous les sujets.

PROSPECTUS.

Le plus précieux monument du génie des anciens peuples du Nord, ce sont sans contredit les poésies d'Ossian, composées en langue gaélique (dialecte de l'ancien celte) au deuxième siècle de l'ère vulgaire, et dont Mac-Pherson fit, en 1760, la découverte inespérée : depuis cette époque, elles sont universellement connues et admirées en Europe. Les littérateurs écossais, jaloux de la gloire de leur patrie, ont publié à Londres, en 1807, une magnifique édition du texte gaélique d'Ossian. Ses ouvrages attestent qu'il fut doué d'un génie sublime, mais qu'il vécut pauvre, malheureux et aveugle. Il a eu, comme on voit, les plus grands rapports avec Homère.

Ossian est en effet l'Homère du Nord. Ses chants retracent tous les faits éclatans de son époque, toute la mythologie des Calédoniens et des Scandinaves. C'est à la fois le trésor de leur poésie, et le tableau complet de leur religion et de leur histoire.

Quand ses poèmes parurent en France, ils obtinrent un succès d'enthousiasme. Tous les arts s'inspirèrent d'Ossian. En musique Lesueur et Méhul, en peinture Gérard et Girodet lui durent leurs plus belles compositions. Ce succès n'a point été altéré par les révolutions survenues dans notre littérature, et par la lutte des classiques et des romantiques. Comme toutes les grandes renommées que les partis rivaux se disputent, Ossian, si bien apprécié du temps où le classique dominait, est réclamé par la poésie romantique, dont le nord de l'Europe est le berceau.

Ossian est désormais, comme Homère et le Dante, un de ces noms éternels qui ont traversé les siècles en triomphe, et représentent toute une époque dans l'histoire de l'esprit humain.

Une belle édition des œuvres de ce Barde célèbre ne peut manquer d'être favorablement accueillie, d'autant plus que, dans la librairie, il n'existe point d'édition de luxe de ses poèmes, point d'*Ossian* de bibliothèque.

C'est ce qui a encouragé à entreprendre celle que nous annonçons, et à n'épargner ni dépenses, ni soins, pour la rendre digne du grand poète à qui elle est consacrée, et de l'approbation du public.

Elle se composera d'une traduction nouvelle et complète de toutes les poésies gaéliques du Barde de Morven.

La traduction de Letourneur, la première qui ait paru en France, a pu servir de base et de point de départ pour ce nouveau travail : il a été indispensable, non seulement de la retoucher, mais de la refondre entièrement. Letourneur efface trop souvent les formes pittoresques de l'original ; il abrège des morceaux importans, supprime des pages entières, très regrettables, et qu'il a fallu rétablir.

Cette traduction sera ornée de trente-sept estampes en noir ou peintes, dont l'exécution a été confiée à d'habiles artistes. Il y aura autant d'estampes qu'il y a de poèmes et de chants dans les œuvres d'Ossian.

Cette édition sera imprimée sur papier superfin avec un caractère neuf et fait exprès, dont voici un échantillon tiré de l'ouvrage.

Je vois descendre des montagnes, entouré des enfans d'Érin, le fils de Sémo, le chef illustre de Dunscar. Ses yeux bleus étincèlent sous de noirs sourcils; sa chevelure tombe de sa tête en ondes de flamme, lorsque, penché en avant, il agite sa lance. Fuis, roi de l'Océan, fuis! le fils de Sémo vient sur son char de bataille, il vient comme la tempête le long du vallon.

Cette traduction formera à peu près cent feuilles petit in-folio (400 pages). Le nouvel Ossian sera publié par livraisons de six feuilles, renfermées dans une couverture imprimée, qui paraîtront successivement tous les quinze ou vingt jours.

La première livraison sera mise au jour incessamment.

Prix des Livraisons.

Texte sans estampes la livraison de 6 feuilles. . .   1 fr. 25 c.

  — avec deux estampes en noir.   2   »

  — avec deux estampes peintes à l'aquarelle.

  — avec deux estampes peintes à la gouache.

Paris,

Chez L'AUTEUR, rue Porte-Foin, n° 8, quartier du Temple.

DUMORTIER, graveur, rue du Cimetière-St-André-des-Arts, n° 13.

RAFFELIN, éditeur, rue Pierre-Sarrasin, n° 2.

DELLOYE, à la Librairie centrale, place de la Bourse, n° 5.

HEIDELOFF et CAMPE, rue Vivienne, n° 16.

POURRAT, rue des Petits-Augustins, n° 5.

J. B. BAILLIÈRE, rue de l'École de Médecine, n° 13 *bis;*

  Londres, même maison, 219, Regent street.

VERDIÈRE, libraire, quai des Augustins, n° 25.

SEIGNOT-PLANCHER et compagnie, à Rio de Janeiro, imprimeur-

  libraire de S. M. l'Empereur, rue d'Ouvidor, n° 95.

Et chez les principaux libraires de la France et de l'étranger.

IMPRIMERIE DE H. FOURNIER,
RUE DE SEINE, N. 14.

Ossian.

Où sont les fêtes de Selma, ces concerts où les Bardes m'ont nommé le premier des Bardes ?
Maintenant, glacé par l'âge, ma voix meurt comme le dernier frémissement des vents dans la forêt
comme le bruit du flot qui se brise au rivage.

Le fils de l'âme vient sur son char de bataille, il vient comme la tempête le long du vallon

Fingal. Ch. 1ᵉʳ pag.

Tout-à-coup l'ombre de Crugal lui apparaît sur le météore enflammé.

Fingal. Ch.   pag.

Ossian, lève toi, sauve mon fils.

www.ingramcontent.com/pod-product-compliance
Lightning Source LLC
Chambersburg PA
CBHW061137050726
47594CB00005B/2251